Dieses Buch gehört:

....

Annette Neubauer
mit Bildern von Juliane Assies

Die kleinen Lesedrachen

Der Neue

Lesen lernen
2. Klasse
ab 7 Jahren

Klett Lerntraining

Bibliografische Information der Deutschen Nationalbibliothek
Die Deutsche Nationalbibliothek verzeichnet diese Publikation in der Deutschen Nationalbibliografie; detaillierte bibliografische Daten sind im Internet über http://dnb.d-nb.de abrufbar.

Dieses Werk folgt der neuesten Rechtschreibung und Zeichensetzung.

Auflage 3 2 1 | 2014 2013 2012
Die letzten Zahlen bezeichnen jeweils die Auflage und das Jahr des letzten Druckes.

www.lesedrachen-club.de
Der Online-Zugang zum Lese-Führerschein
ist bis fünf Jahre nach Erscheinen des Buches gewährleistet.
Teamleitung Lernhilfen Grundschule: Susanne Schulz
Redaktion: Jette Maasch
Umschlaggestaltung und Layout: Sabine Kaufmann, Stuttgart
Umschlagillustration: Juliane Assies, Berlin
Leitfiguren Drachen: Thomas Thiemeyer, Stuttgart
Satz: Noch & Noch GbR, Menden
Druck: G. Canale & C. S.p.A., Turin
Printed in Italy
ISBN 978-3-12-949066-2

Inhalt

Der Neue

„Was macht der denn hier?“,
fragt Tom und stößt Sven an.
Ein Junge mit Schirmmütze,
kurzen Hosen und Turnschuhen
schlendert über den Schulhof.
Unter dem Arm trägt er
einen Lederfußball.
„Den habe ich noch nie gesehen“,
antwortet Sven staunend.

Der Junge bleibt stehen.
Er schaut sich um.
Als er Tom und Sven entdeckt,
geht er zu ihnen.
„Hi!“, grüßt er die beiden.
Danach macht er eine große Blase
mit seinem Kaugummi
und lässt sie – plopp – platzen.
„Seid ihr in der 2b?“
Tom und Sven nicken stumm.

„Ich auch!“, sagt der Junge.
„Du?“, fragt Tom erstaunt.
„Klaro! Seit heute.“
Der Junge titscht den Ball auf,
stoppt mit dem linken Fuß ab
und kickt ihn in den Mülleimer.
„Boah!“, sagt Tom bewundernd.
„Toller Schuss.“
„Wie ein echter Profi!“,
stimmt Sven zu.

„Und was könnt ihr?“,
fragt der Junge schmatzend.
Tom und Sven schweigen.
„Nichts?“, fragt der Junge weiter
und schiebt seine Mütze nach hinten.
„Sven rechnet super“,
fällt Tom endlich ein.
Da klingelt es zur ersten Stunde,
und die Kinder strömen
in die Klassenzimmer.

„Wir haben einen neuen Mitschüler,
er heißt Raul“, erklärt Frau Wessel,
die Lehrerin der 2b.
Die Schüler schauen Raul an.
Raul grinst zurück.
Unter dem Arm hält er den Ball.
„Such dir einen freien Platz aus“,
schlägt Frau Wessel ihm vor.
Raul geht direkt auf Sven zu,
der allein am Tisch sitzt.
Er lässt sich auf den Stuhl fallen
und legt den Ball auf den Tisch.

„Wir haben Rechnen, keinen Sport“,
erklärt Frau Wessel streng.
„Klaro!“, antwortet Raul lässig.
Langsam legt er das Leder
unter die Bank.
Die Jungen starren ihn an
und flüstern: „Cool!“
Die Mädchen kichern
und wispern: „Süß!“

Eines ist allen klaro:
Raul ist der neue Klassenstar!

In der großen Pause wird Raul
von seinen Mitschülern umringt.
Er kickt den Ball
von einer Fußspitze zur anderen.
Dann schießt er ihn Tom zu,
der an Sven abgibt.
Sven starrt auf das rollende Leder.
Er will den Ball zu Hanna kicken.
Aber er tritt ins Leere.
Echt superpeinlich!

„Daneben ist auch vorbei!“,
ruft Raul und lacht, „kapito?“
Einige Jungen und Mädchen kichern.
Sven ist froh,
als es zur nächsten Stunde läutet.
Doch da fällt ihm ein,
dass Raul jetzt neben ihm sitzt.
Und plötzlich wird ihm schlecht.

Lese-Rallye

1

Raul kickt den Ball direkt ...

G ○ ... in ein Blumenbeet.

B ○ ... in ein Klassenzimmer.

M ⊗ ... in einen Mülleimer.

2

Wie ist Raul?

N ○ schüchtern und ängstlich

I ⊗ lässig und selbstbewusst

R ○ unsportlich und gemütlich

3

Warum bewundern
die Mitschüler Raul?

T ☒ Raul spielt toll Fußball und ist cool.

S ○ Raul sieht klasse aus.

C ○ Raul ist ein guter Schüler.

Elfmeterschießen

Am nächsten Morgen
stürmt Raul ins Klassenzimmer.
„Gibst du mir deine Hausaufgaben?“,
fragt er Sven atemlos.
„Ich hatte gestern
keine Zeit für so was.
Ich musste trainieren, kapito?“
Sven gibt ihm sein Heft.
Als Frau Wessel kommt,
ist Raul gerade fertig.

Die Stunde beginnt, und die Lehrerin
fragt die Hausaufgaben ab.
Rauls Finger schnellt
bei der schwierigsten Aufgabe hoch.
„38“, sagt er ohne zu zögern.
„Sehr gut!“, lobt ihn die Lehrerin.
Raul lächelt stolz.
Sven beißt die Lippen aufeinander.
Abschreiben ist eine Sache.
Mit der Arbeit von anderen anzugeben,
ist eine ganz andere.

In der Pause tänzelt Raul
mit dem Leder
zwischen seinen Mitschülern hindurch
und zeigt neue Kunststücke.
Er kickt den Ball
von einem Knie zum anderen.
Dann hebt er den Ball in die Luft,
fängt ihn mit der Stirn auf
und lässt ihn am Oberkörper
auf den Boden gleiten.

„Lasst uns Elfmeterschießen üben“,
schlägt er plötzlich vor.
Er zieht seine Jacke aus
und legt sie drei Meter
von einem Baumstamm entfernt
auf den Boden.
„Hier ist unser Tor.“

„Mark ist der Keeper“,
bestimmt Raul und zieht
den größten Jungen
zwischen die Pfosten.
„Und wir ballern rein.“
Sven wird ganz heiß im Gesicht.
Hoffentlich lässt Raul ihn in Ruhe.
Sonst blamiert er sich nur wieder.

Raul fängt an.
Gekonnt kickt er das Leder
an Mark vorbei.
Jetzt ist Hanna an der Reihe.
Fast hätte Mark gehalten.
Aber im letzten Moment
gleitet ihm der Ball aus der Hand.
Dann schießt Tom ein Tor.

„Jetzt du, Sven“, ruft Raul.
„Aber nicht stolpern, kapito?“
In Svens Ohren dröhnt
das Gelächter der anderen.
Er nimmt Anlauf, rutscht aus,
verliert das Gleichgewicht
und fällt hin.

Raul lacht, bis ihm Tränen
in die Augen steigen.
Auch Svens Augen werden nass.
Wortlos geht er weg.
„Lasst mich doch in Ruhe“,
denkt er wütend und traurig.
„Wo willst du hin?“,
ruft Raul ihm nach.
„War doch nur Spaß!“
Aber Sven dreht sich nicht um.

Lese-Rallye

4

Was ist ein Keeper?

K ○ ein Stürmer

K ○ ein Verteidiger

S ⊗ ein Torwart

5

Sven ist wütend und traurig,
weil Raul ...

K ○ ... viel besser Fußball spielt als er.

C ⊗ ... ihn auslacht.

K ○ ... ihn nicht mitspielen lässt.

6

Warum ruft Raul Sven nach, als er wortlos weggeht?

K ○ Er will das letzte Wort haben.

K ○ Er will Sven ärgern.

H ☒ Er merkt, dass er etwas falsch gemacht hat.

Alles klaro!

Am nächsten Morgen sitzt Sven
bereits wieder am Tisch,
als Raul in die Klasse rennt.
„Hi! Gibst du mir
die Matheaufgaben?“, fragt Raul
und knallt seine Tasche auf den Tisch.
Sven schiebt ihm stumm sein Heft zu.
Sofort beginnt Raul, abzuschreiben.

Plötzlich stutzt er.
Verblüfft zeigt er auf einen Satz,
der unter dem letzten Kästchen steht.
„11 Freunde müsst ihr sein!“,
liest er halblaut.
„Das sagt mein Papa auch immer.
Was heißt das?“

„Frag doch deinen Papa“,
erwidert Sven trotzig.
„Ich frage dich“, antwortet Raul.
Auf einmal ist er ganz ernst.
„Beim Fußballspielen
geht es um Freundschaft
und das gesamte Team, kapito?“,
erklärt Sven aufgebracht.
„Das ist wichtiger als gut zu spielen
und immer der Beste sein zu wollen.“
Raul sieht ihn verdattert an.

Aber Sven schaut nicht zurück.
Er starrt in sein Buch.
In dieser Mathestunde
meldet sich Raul nicht.
Er sitzt regungslos auf seinem Platz
und denkt nach.
Ab und zu schielt er kurz
zu Sven herüber,
als ob er ihm etwas sagen möchte.
Aber er hält den Mund.

In der Pause geht Raul langsam
zu Mark, Tom, Hanna
und den anderen.
Sven steht abseits
und kaut lustlos sein Butterbrot.
„Lass uns wieder
ein paar Tore machen“,
schlägt Tom vor,
als Raul bei ihnen ist.

Die anderen stimmen jubelnd zu.
Raul nickt.
Aber begeistert ist er nicht.
„Wenn ihr wollt“, sagt er lustlos
und zieht seine Jacke aus.
Wie am Vortag legt er sie
auf den Boden.

Tom schießt als Erster.
Ein harter Schuss, aber Mark hält.
Dann ist Hanna an der Reihe.
Gekonnt knallt sie das Leder rein.
Als Raul dran ist, zögert er.
„Hier, Sven!“, ruft er
und kickt Sven den Ball vor die Füße.
„Dein Schuss!“

Sven ist so überrascht,
dass er das Leder zurückschießt.
Geschickt stoppt Raul den Ball.
Aber auch diesmal schießt er
ihn nicht ins Tor.
Wieder spielt er ihn Sven zu.
Der Fußball landet genau
vor Svens Füßen.

„Knall rein! Mit Karacho!“,
ruft Raul Sven zu.
Dabei schlägt er
mit der rechten Faust
in seine linke Handfläche.
„Du schaffst das, klaro?“
Sven muss grinsen.
Er schießt und donnert
das Leder ins Tor.
Womm!
Zack und rein,
einfach vorbei am Keeper.

Die anderen staunen,
während Raul zu Sven läuft.
„Klasse Treffer!“, sagt er
und klopft Sven auf die Schulter.
„Klasse Vorlage“, antwortet Sven.
„Klaro, du bist doch mein Freund!“
Raul strahlt Sven an
und hält ihm die Hand hin.
„Kapito!“, antwortet Sven.
Er nickt und schlägt ein.

Lese-Rallye

7

Weshalb ist Raul im Unterricht nachdenklich?

O ☐ Er versteht nicht, was die Lehrerin erklärt.

Ü ☒ Er überlegt, was er falsch gemacht hat.

E ☐ Er hat Bauchschmerzen.

8

Was bedeutet „11 Freunde müsst ihr sein“?

S ☐ Freunde findet man nur beim Fußballspielen.

B ☐ Jeder braucht im Leben mindestens 10 Freunde.

L ☒ Kameradschaft und Teamgeist sind beim Fußball wichtig.

9

In der Pause steht Sven abseits
und kaut ...

E ☒ ... an seinem Butterbrot.
K ☐ ... Kaugummi.
R ☐ ... an seinen Fingernägeln.

10

Wohin schießt Raul den Ball?

F ☐ Raul schießt den Ball zu Hanna.
Q ☐ Raul schießt den Ball an Sven vorbei.
R ☒ Raul schießt den Ball direkt vor Svens Füße.

Lösungswort

Hast du alle Fragen
der Lese-Rallyes beantwortet?
Dann trage auf dieser Seite
das Lösungswort ein.

So funktioniert es:

- Trage unten in die Felder die Buchstaben der richtigen Antworten ein.
- Tipp: Das Lösungswort hat etwas mit der Geschichte zu tun!

Das Lösungswort lautet:

M	I	T	S	C	H	Ü	L	E	R
1	2	3	4	5	6	7	8	9	10

Dein Lese-Führerschein

Auf dem Weg zu deinem Lese-Führerschein geht es so weiter:

Gehe gemeinsam mit deinen Eltern auf **www.lesedrachen-club.de**, und melde dich mit ihrer Hilfe kostenlos mit einer E-Mail-Adresse und einem selbst gewählten Passwort an.

Klicke dann auf Start, und wähle auf der Seite dein Buch aus.

Gib nun das Lösungswort ein,
bestätige die Eingabe mit OK,
und schon hast du 100 Punkte
auf deinem Punktekonto gutgeschrieben!

Nun kannst du dich mit den Lese-Übungen,
die für dein Buch angezeigt werden,
im Lesen richtig fit machen und
die noch fehlenden Punkte sammeln.

Hast du alle Fragen richtig beantwortet, wartet dein Lese-Führerschein auf dich!

Die kleinen Lesedrachen wünschen dir viel Erfolg!

... und besten Freunden

... und Bibi & Tina mit Hufeisenquiz

... und Bibi Blocksberg mit Hexenquiz

www.klett.de/lernhilfen